JN440261

누군가의 웃음이 나를 살린다

이현복 시집

문학의전당 시인선
0315

누군가의 웃음이 나를 살린다

이현복 시집

문학의전당

시인의 말

고흐는
그림 한 점을 얻기 위해
수만 장의 허공을 버렸다.

내 시도
그랬으면 좋겠다.

2019년 11월
이현복

차례

시인의 말

제1부

장미와 새 13
똥꽃 14
개미떼 같은 날들 16
꽃들의 시위 17
말과 나비의 미술관에서 18
고백 20
마르지 않는 시간 21
텃밭의 시간 22
말벌의 시간 23
우유가 은유에게 24
수술실 앞에서 26
도끼나무 27
풍장 28
오해 29
책 속의 행간들이 부풀어 오를 때 30
사랑 32

제2부

적막을 끌어당기다 35

짜글이가 끼어들다 36

나포리에 가면 37

물 딴 자리 1 38

물 딴 자리 2 40

물 딴 자리 3 41

백자리 42

끼어들다 43

나무를 의심하다 44

별방 46

달느미 가는 길 47

하늘이 속살을 올올히 풀어 내리고 48

무명지 49

능선 50

구월 52

안개 53

나무 54

제3부

오! 명랑 57
허공과 새 58
노랑 새의 겨울 59
칼새 60
광절열두조충 61
어둠을 잘라 별의 옷을 짓다 62
목련 64
마지막 여행 65
덕혜옹주 66
꽁지를 조심해 68
첫사랑 69
네 아빠도 그랬단다 70
첫눈 72
채송화 73
도솔암 74
적멸보궁은 만원이다 76
죽비 78

제4부

어머니의 뒤란 81
솜버선 82
개복숭아 그 아이 84
나무가 절룩거리다 85
예지레이 달 86
꽃과 어둠 88
달과 개막이 그물 89
비무장지대 90
봄의 경전 92
노송 93
무진여행 94
한 열흘 눈 한번 깜박이지 않고 96
구름 한 잎 뜯어버리다 98
바닷가 소각장 99
물속의 집 100
겨울 낙엽 102

해설 | 긍정과 다함께의 세계 103
최준(시인)

제1부

장미와 새

마루에 앉아 책을 읽는데
노랑멧새가 장미 속으로 날아간다
장미꽃이 푸드득 피어난다

밤마다 장미는 담장을 넘으며 새소리로 울었다
담장은 높고 허공은 붉게 물들었다
아침마다 꽃 속에서 새가 태어났다
장미 가슴에 새 발톱 같은 가시가 돋아났다

바람이 책장을 넘길 때마다
갈피에서 새소리가 들렸다
장미꽃이 책 속으로 날아들었다

똥꽃

꽃을 생각한다
똥과 꽃을 생각한다
북한산 족두리봉 너럭바위에
새똥이 수채화로 피어 있다

똥이 꽃이라니
똥을 누고 간 새의 이름을 생각한다
똥을 누고 간 새의 길을 생각한다
새가 꽃이었을까
꽃이었을까

—꽃길만 걸으세요
꽃이 되라는 말일까 똥이 되라는 말일까

시골집 천장에 늘어나는 파리똥
, ‘ , . , ,…
쉼표 말줄임표 마침표……

무슨 문장일까?
읽어야 할 책들 가위 누르는데
천장에 까맣게 늘어나는 꽃,
똥과 꽃이 한 뿌리인 난해한 문장이 내려다본다

먼 훗날 죽은 별들일까

개미떼 같은 날들

개미가 일렬로 서서 닭튀김 부스러기를 떠메고 간다 아침 햇살이 먼지 같은 개미들을 보고 있다 손등을 기어오르는 녀석들을 훅 날려 보낸다 아침 햇살이 내 입술을 보고 있다

걸레질을 하다 허둥대는 개미 몇 마리 닦아낸다 개미들이 걸레 빤 물에서 허우적거리다 수챗구멍으로 곤두박질치는 동안 어제가 오늘의 식탁에서 커피를 마신다

창밖에서 나뭇잎들이 하얗게 손바닥을 흔들고 있다

한 무리의 개미떼가 지나간다

꽃들의 시위

담장 쪽으로 줄을 띄워준 나팔꽃이 입추를 건너자 소나무 꼭대기에 올라가 수백 개의 나팔을 불고 있다 말매미가 떼로 몰려와 울음 쏟아내고 있다 죽는 줄도 모르고 올라가다니…… 그가 나팔꽃을 애잔하게 바라보고 있다 크고 작은 우산들의 평화적 시위가 벌어진다 곳곳에 주홍날개꽃매미가 검은 마스크를 하고 잠복 중이다 말매미 쏴 쏟아붓던 울음 뚝 그친다 폭포수 같은 울음 속에서 누군가 실족한다

거리는 보랏빛 울음 속에 떠 있다

말과 나비의 미술관에서

말의 얼굴에 노랑나비가 앉아 있다
말의 긴 눈썹이 나비 날개에 집중한다

나비는 먼 하늘을 바라보고 있다
말의 긴 눈썹이 나비 날개에 집중한다

개망초 묵정밭의 바람을 보고 있다
말의 긴 눈썹이 나비 날개에 집중한다

노란 선을 밟고 있는 낙엽을 보고 있다
말의 긴 눈썹이 나비 날개에 집중한다

장미꽃 가시덩굴을 보고 있다
말의 긴 눈썹이 나비 날개에 집중한다

장화 신은 고양이를 보고 있다
말의 긴 눈썹이 나비 날개에 집중한다

달을 따먹는 월계수를 보고 있다
말의 긴 눈썹이 나비 날개에 집중한다

히말라야 산맥을 넘어가는 깃발을 보고 있다
말의 긴 눈썹이 나비 날개에 집중한다

고백

잔디 잎 끝에
공처럼 앉아 있다

어떻게
올라갔을까

납작 엎드려
루페로 들여다본다

이슬 속에서
너무 많은 내가
무릎 꿇고
나를 보고 있다

마르지 않는 시간

숲속 도서관 현관 틈새를 지나
유리문 밑에 서성이던 초록 뱀 한 마리
내 눈과 마주치자
재빠르게 책장 밑으로 들어갔다

도서관 문을 열 때마다
나를 보던 어린 뱀의 눈빛이 어른거린다
책갈피마다 젖은 눈빛이 끼어든다

자라지 않는 계집아이가
동생을 등에 업고
초록 뱀의 시간을 찾고 있다

텃밭의 시간

장맛비 지나간 별방 텃밭
잡초 사이에 파가 누워 있다
모가지 세우려 안간힘 쓰고 있다

가만히 들여다보니 씨를 매달았다
겨우 들고 있는 파 대가리에
거미 새끼들 바글바글하다

콩알만 한 어미 텅 빈 몸이
바람에 훅 날아가자
새끼들 줄줄이 흩어진다

쨍쨍한 햇살 아래
다글다글
파 씨 눈알이 까맣다

말벌의 시간

처마 끝에 손톱만 한
말벌집이 바가지만큼 커졌다

라이터를 당기자
불이 붙는다
그때
프로펠러 소리를 내며 나타난
말벌 떼가
불길을 두려워하지 않고 날아든다
어미 날개에 불이 붙는다

벌들의 하늘이 뚝뚝 녹아내린다
꼬물거리던 애벌레들
아직 돋아나지 않은 날개가 탄다

터지지도 않은 울음소리가
처마 끝을 태운다

우유가 은유에게

우유가 어떻게 쉬가 돼요?
나는 멍 때리고 있다
우유가 어떻게 쉬가 되냐구요
우유가 시가 된다고?
지구를 가지고 놀던 아이가
쉬— 오줌 누는 소리 들린다

나는 우유와 은유를 생각한다
우유가 쉬가 되고 쉬가 우유가 되고
밥이 똥이 되고 똥이 밥이 되는 길을 생각한다

우유는 정후가 되고
밥도 정후가 되는 거야, 라고 말해버렸다

사과를 한입 베어 문 아이가
그럼 사과도 정후야
나무도 정후야 꽃도 정후야
잠자리도 바람도 다 다 정후야

야! 야! 신난다 신난다
아이는 두 팔을 번쩍 들고
깡충깡충 뛰어다닌다

나는 무엇이 내가 되고
내가 무엇이 되는지 아슴아슴한데
나는 그저 멍 때리고 있는데……

수술실 앞에서

하늘 끝 밤바다에 그가 떠 있다
달을 끌어당기던 그의 손이 떨어지고 있다

막혔던 혈관에 스텐트와 풍선을 불어넣는다

세 번째다

언제 우리 그렇게 소통이 된 적 있었나

구름이 나무가 되고
바람이 꽃이 되는 사이를
손톱으로 긁는다

심장 뛰는 소리
거미줄 사이로
그가 돌아오는 아침이다

도끼나무

도끼나무가 나를 보고 있다
도끼나무가 나를 찍고 있다
도끼나무가 나를 키우고 있다
도끼나무가 나를 말리고 있다
도끼나무가 나를 뽀개고 있다
도끼나무가 나를 쌓고 있다
도끼나무가 나를 태우고 있다
도끼나무가 나를 날려 보내고 있다
도끼나무가 나를 재생하고 있다
도끼나무*가 나를 높이 세우고 있다

*도끼나무: 단풍나무과의 나무로 도끼자루로 주로 사용하였다. 강원도와 충청도 경계 지역의 방언.

풍장

지렁이 서너 마리 길바닥에 멋대로 누웠다 흙을 파먹고 통통하게 살이 오른 분홍 알몸이 팔월 햇살에 빨대를 꽂았다 마늘밭 감자밭에서 호미 끝에 찍혀 두 마리 네 마리 여덟 마리 스무 마리 백 마리로 잘렸다 편린들이 불쑥 찍어대는 청맹과니 호미의 기억을 말리고 있다 흙 속으로 온몸을 밀어 넣던 기억밖에 없는 편린들이 두엄더미나 뒷간 옆 축축했던 한 생을 말리고 있다 마디마디 몸을 열고 뙤약볕을 끌어당기고 있다 흙 속으로 밀어 넣던 머리를 안으로 감고 몸과 꼬리를 안으로 만다 더러는 개미군단의 성찬이 되기도 한다 길바닥을 점령한 긴 하루장, 캄캄하고 축축했던 몸속으로 팔월 햇살이 꿈틀거린다 분홍빛 알몸이 점점 가벼워지고 있다

오해

모두 오른쪽으로 걸어서
왼쪽이 자주 흔들렸다

어떤 빛은 너무 치명적이어서
좌우를 가리지 않았다

어떤 사람은 쓰러진 자리에서
검은 돌이 되기도 했다

세상 모든 것, 이라는 오해가 부른
해프닝이었다

책 속의 행간들이 부풀어 오를 때

하혈이 멈추지 않았다

죽은 참새가 납작하였다

알 수 없는 것들이 쏟아졌다

죽은 참새의 울음이 납작하였다

수술대에서 걸어 내려오고 있었다

죽은 참새의 길이 납작하였다

오후의 퇴계로가 젖고 있었다

죽은 참새의 부리가 납작하였다

낯선 영화관에 들어갔다

죽은 참새의 눈이 납작하였다

관람석마다 어둠이 앉아 있었다

죽은 참새의 날개가 납작하였다

사랑

어둠과 고요가 서로를 끌어당긴다

어둠과 고요 사이

누군가의 입술이 나를 지나고
누군가의 입술이 나를 부르고
누군가의 입술이 나를 죽이고
누군가의 입술이 나를 살린다

검은 입술과
분홍 입술 사이

누군가의 웃음이 나를 살린다

제2부

적막을 끌어당기다

괘종시계가 고장났다
초침이 멎고 물소리가 멎고
방 안 가득 낯선 것들이 차오른다
물소리가 끊어지고
바람 소리가 끊어지고
벌레 소리가 끊어지고
떠돌던 소리들이 끊어지고
물컹한 청포묵 같은 것이 차오른다

벽에 걸어놓은 옥수수씨앗 같은
먹다 남은 찐 감자 속 같은
암탉의 잠 속 같은
식탁 위의 토마토 속 같은
앵두나무 뿌리 속 같은
밤새의 날개 속 같은
장미 가시 속 같은

나는 그 속으로 스며들고 있다

짜글이가 끼어들다

별방 가는 길
산적식당에 들러 늦은 아침을 시킨다
밥물이 잦아드는 동안 책을 읽는다
짜글이*가 바글바글 끓는다
빨간 국물이 걸쭉하게 튄다
글자들 사이로 고추기름이 벌겋게 끼여든다
나는 물티슈로 얼룩을 꼭꼭 누른다
파스텔 톤의 꽃물이 번진다
꽃잎과 꽃잎 사이를 연필로 긋는다
한 다발의 안개꽃이
—바다와 사는 여자, 라는 문장을 덮는다

---

*짜글이: 돼지고기 찌개보다 되직한 볶음 종류.

나포리에 가면

외롭고 높고 쓸쓸한* 이를 만날 것 같은
키 큰 남자의 뒷모습에 가슴 두근거릴 것 같은
헛기침이 나 숨의 입자를 맛볼 것 같은

비의 근육이 우산 속으로 훽 덤벼들 것 같은
그 비에 입술부터 발등까지 함북 적셔도 좋을 것 같은
은밀히 구름 속 주소 하나 받아 들면
그 무엇도 부럽지 않을 것 같은

나포리 어디에도 없고 어디에도 있을 것 같은
수많은 나타샤들의 사랑도 외면할 것 같은
북관**에서 통영까지 타박타박 나귀 따라 걸어가고 있을 것 같은
나포리 어디에도 있고 어디에도 없는

---

*백석의 시, 「흰 바람벽이 있어」에서 인용.
**북관: 함경도의 다른 이름.

물 딴 자리 1

강물이 흘러와 물 딴 자리에서 갈라지면
물소리가 물레방아를 돌리며 무지개를 만든다
나는 버들잎을 던지며 물 위에 앉아 있었다

출 출 출 물이 흘러간다
나는 왜 일곱 살이지
한 살의 나는 어디 갔지
두 살의 나는
세 살
네 살의 나는
다섯 살
여섯 살의 나는
출 출 출 물은 흘러간다
물 위에 앉아 있는 등 뒤로
구름이 지나가고 지나가고 지나간다

엄마!
나는 왜 태어나자마자 일곱 살이야

물까마귀가 물속으로 지나가는 아침이었다
물새가 꼬리를 촐랑거리는 아침이었다
법홍사 풍경 소리가 너럭바위에 앉아 있는 아침이었다
내 일곱 살을 지나가는 아침이었다

물 딴 자리가
햇살 속에 세탁기 속에 밥그릇 속에 오도카니 앉아 있었다

---

*물 딴 자리: 물레방아를 돌리기 위해 강물을 따온 자리.

물 딴 자리 2

아버지는 사자산에서 흘러나오는 강물을 따서 물레방아를 돌렸다 왕겨빛 햇살이 부서지는 아침이면 참새들이 방앗간으로 모여들었다 오빠는 망태기를 세워 참새 덫을 놓고, 막대기로 거위에게 장난을 치며 하루를 시작했다 더러는 거위에게 옷자락을 물려 꽁지가 빠져라 도망치며 소리를 질렀다 방앗간 다리 건너 물레방아의 물세례를 지나 봇도랑을 건너고 앞마당에서 뒤란으로 쫓고 쫓기면 멍멍이는 꼬리를 흔들며 덩달아 짖어대고 닭들은 꼬꼬댁거리며 온통 아수라장이 되었다 그 소리는 물레방아 돌리는 물소리를 뛰어넘지 못했다 거위가 지쳐 떨어져야 끝이 났다 아홉 살 오빠는 엄마한테 혼쭐이 나곤 했다 장마에 징검다리가 묻히면 동네 오빠는 주먹만 한 돌에 편지를 묶어 던지곤 했다 언니는 조약돌에 답장을 써서 던졌으나 편지는 번번이 물 한가운데 떨어졌다 떠내려가는 편지는 구름이 저 혼자 읽고는 시침 뚝 떼고 가버렸다

물 딴 자리 3

친구와 물 딴 자리에 앉아 버들잎과 돌멩이를 던지며 놀았다 돌멩이는 포옹 가라앉고 버들잎은 물을 따라 흘러갔다 버들잎 따라가다 곤두박질치는 물레방아에서 번번이 놓쳤다 무지개가 강 건너 미루나무 꼭대기를 지나 하늘에 걸쳐져 있기도 했다 물돌로 송사리 집을 지어놓고 빨간 돌 누런 돌 찟어 고추장 된장 만들었다 미루나무 잎은 국어공책, 아까시나무 잎은 산수공책, 버들잎은 음악공책 모래밭에는 그림을 그렸다

오십 년을 건너온 친구의 낯선 목소리는 우리 집 세발자전거 페달을 아직도 밟고 있다 물레방아가 삼켜버린 버들잎 까맣게 잊은 채, 고향 하늘은 구름 몇 점 데리고 소꿉놀이 한창이다

백자리

온달산성 지나 백자리* 마을 어둠 속에서 길이 길 속으로 사라지고 길은 길 속에서 시작된다 저 여린 길들의 마지막 숨소리 무서워 간밤에는 별들이 더 멀리 도망을 갔다 참새 날개 딱정벌레 매미 머리와 흔적들…… 수많은 길이 죽고 태어나는, 향냄새와 풍경 소리 들리는 백자리 지나며 생각한다 아침 밥상에 올라온 대관령 김치와 통영 갈치와 수입산 먹거리와 일곱 시의 햇살과 초침 소리에 간을 맞추어 먹었다 삼시 세끼, 예순한 해

---

* 백자리: 단양군 영춘면 구인사 인근 마을.

끼어들다

프로방스에 끼어들다*를 읽는다

바다를 건너온 그 여자 이국땅 뒷골목에서 세탁소를 한다 땀방울이 주름에 연신 맺힌다 다림질에 벌겋게 달아오르는 고추 속 같은 시간을 바다에 띄워놓고 산다 서핑을 즐기는 연인들과 춤추던 바다가 그녀 삶에 끼어든 적 있다 바다로 간 아이는 돌아오지 않았다 그날 짐승처럼 울던 바다가 아무렇지도 않게 누워 있다 수평선을 가위로 잘라버리고 싶었던 적 있다 누군가의 주름을 펴는 그녀 쪽으로 햇살이 끼어들고 있다 생각과 생각 사이 별이 빛나는 밤** 귀를 자른 고흐가 끼어든다

---

*프로방스에 끼어들다: 여행산문집(김은숙 외) 제목.

**별이 빛나는 밤: 고흐 그림 제목.

나무를 의심하다
—구멍들

현미경으로 나무의 단면을 들여다본다
수많은 구멍이 촘촘하게 박혀 있다
캄캄한 구멍들이 나를 보고 있다

몸은 단단하다
구멍도 단단하다
구멍 속에 어둠도 단단할까

의심의 뿌리가 빨판 같은 입술에 달라붙는다

내 눈을 의심한다
내 생각을 의심한다
나무의 몸을 의심한다

수만 개의 구멍이 꽃이 되고
수만 개의 구멍이 집이 된다
꽃과 집의 구멍 사이로
햇살이 들어간다

바람이 들어간다

구멍들마다 어둠이 피어난다
구멍이 어둠이었나
어둠이 구멍이었나
꽃과 집의 구멍 사이로
구름이 흐른다 바람이 흐른다 내가 흐른다

수많은 나무들이 나를 스캔하고 있다

별방

별 하나가
툭,
밤나무 숲으로 떨어졌는데요
잠시 숲이 흔들리더니
별이 빠져나간 자리에 바람 한 줄기
잽싸게 몸을 숨겼다는데요
숲은 다시 고요해지고
하늘은 눈 깜박할 사이에 팽팽하게 조여졌다는데요
숲과 별과 어둠이 몸을 섞어야 아침이 온다는데요
풀벌레들의 노래가 별을 깨워야 꽃이 핀다는데요
꽃이 별의 딸이라고 너스레를 떠는데요
저들 사이에 끼어들 수 없어
나는 그냥 시나 읽고 있었는데요
바늘에 꿰어진 별빛이 풀벌레 울음을 깁고 있었는데요

달느미 가는 길

월악산 만수계곡 암석 사이에
수많은 돌탑이 쌓여 있다
바람이 읽고 갔을 일만 쪽의 시(詩)들이 켜켜이 쌓여 있다
늙은 소나무 행간마다 뿌리를 내리고
아름아름 세월을 묻는다
초승달이 솔가지에 앉아 운을 띄우면
부엉새 울음이 달빛을 적시고
휘파람새 삐~ 연 갈이를 한다
작은 꽃들이 무심히 행간을 지나가고
은종을 흔드는 풀벌레 소리에
계곡 물소리 가만가만 지나간다
먼 길 돌아온 바람은 묵언수행 중

수천 톤 달빛 한꺼번에 쏟아지는
달느미 가는 길

하늘이 속살을 올올히 풀어 내리고

망설이면서 망설이면서 눈이 내렸다
발목을 덮는 눈길이었다 내리는 눈송이들이 발등을 덮을
때를 기다려 발걸음을 옮겼다 고개를 들었다 숙이고 들었다
숙였다 눈송이들에 얼굴이 젖었다 한 걸음 한 걸음 목례투지
처럼 눈송이 속으로 하얗게 걸어갔다

눈을 뒤집어쓴 건물들이 뒤꿈치로 지나가는 것이 보였다
눈송이가 점점 커졌다 문득 목화를 따던 웃무실 밭이 지나
갔다 목화송이에 손목이 찔린 계집애가 지나갔다 산새들이
눈을 쪼아 먹고 눈 위를 날아갔다 눈과 함께 도착한 정토사에
못 막힌 듯 서 있었다

약사전 뜨락이 함박눈을 가만히 끌어 덮고 대웅전 요사채
에 발자국 하나 없었다 하늘이 올올히 풀어 내리는 속살에 절
마당이 희게 빛났다 처음 보는 천지의 의식이었다 속눈썹에
내려앉은 눈이 눈을 씻어내는지 세상이 시리게 환했다

먼 곳에서 찻잎 데우는 소리로 눈이 내린다

무명지

친일파는 연설을 하고
독립투사는 박수를 친다

TV를 향해
TV 속 무대를 향해
무대 속 친일파를 향해
말매미가 운다

방충망을 잡고 있는 매미
왼쪽 손가락이 잘려져 있다

잠시 후
말매미는 어디론가 날아가고
나만 혼자 방충망 안쪽에 갇혀 있다

8·15 아침 10시였다

---

*무명지: 13인의 독립투사들이 중지와 약지 사이의 손가락을 잘라 맹세를 함.

능선

그가 어떻게 내 몸에 들어왔었는지 모른다

인사동 화랑 한쪽 벽면을 꽉 채운 그가 있었다
구렁이의 몸으로 길게 누워 있었다
해가 등 뒤 절벽으로 추락하고 있었다
노을이 피눈물을 거두는 동안 어둠은 적당했다
구렁이의 허리를 비집고 달이 돋아나고 있었다
달맞이꽃이 노란 손으로 갓 낳은 달을 받아 올리고 있었다
발밑이 허공으로 푹푹 빠졌다 심장이 뛰기 시작했다
검은 이파리들이 팔랑거리며 날아오르고 있었다

며칠 후 인사동 갤러리 어디에도 그는 없었다
화가도 모르고 제목도 모르는 그를 찾아 종일 헤맸다
그런 그림은 본 적도 없고 들은 적도 없다고 했다
저녁의 헛것이었나 구렁이의 헛것이었나
헛것들이 낳은 헛것들의 시간이었나
심야버스를 타고 내려오는 길
그가 선명하게 앞서 가고 있었다

배낭을 메고 그를 찾아 나섰다
월악산 치악산 설악산 백두대간을 돌아오는 동안
눈 덮인 능선을 오르내리며 칼바람에 볼이 베이는 동안
그가 나도 모르게 내 몸에서 빠져나갔다

구월

벌레를 만졌다

구월의 옆구리에서

푸른 피가 흐르고

강이 꿈틀거린다

안개

이른 아침 한계령에서 보았다
산 아래 마을이 구름 한 장 덮고 잠든 것을
삐죽이 나온 산의 발끝을 덮어주는 이불자락을
산과 구름 사이로 스며드는 아침을

부챗살처럼 퍼지는 햇살 속으로
뽀얀 젖을 분사하며
산으로 올라가는 안개를
산의 입술 언저리가
단맛으로 젖어 있는 것을

나무

나무 한 그루 심고
나무속으로 들어가
날마다 속죄하고 싶어

그 나무로 자라
의자가 되고
기둥이 되고
도마가 되고 싶어

그 나무로 자라
벌레가 되고
새가 되고
별이 되고 싶어

제3부

오! 명랑

개망초 그녀가 아이처럼 풋풋하다. 캠퍼스 마로니에 푸른 잎이 구름을 핥아 먹고 머리 희끗한 그녀가 강의실을 찾는다. 수염 덥수룩한 생태학 교수가 '학생부터 자기소개 해볼까요' 눈을 맞춘다. 가슴이 뛴다. 핏줄이 꿈틀거린다. 오! 명랑

학교를 찾은, 그녀의 겨드랑이에 날개가 돋는다. 이마에 유니온의 뿔이 돋는다. B-56동 지붕 위로 비둘기 떼 날아오른다. 초록의 햇살들 어둠을 뽑아 들고 드높은 가을 하늘에 헹가래를 친다. 오! 명랑

쉰다섯, 처음으로 반짝거리는 시간을 그녀는 대학노트에 받아 적는다. 모래바람 속에 앉아 살구 씨를 깨던 돌멩이가 손가락 찧던 이야기가 그녀 손끝에서 빠져나간다. 오! 명랑

허공과 새

새가 허공에 서 있다
바람보다 빨리 달리는 기차
전봇대, 나무, 집,
서 있는 것들이 달린다

소이 음성 증평 지나 공항역
새 한 마리가 날개를 퍼덕이며 허공을 물고 있다
허공이 찢어지지 않으려고
날개를 웅크리고 있다

저렇게 혼자 퍼덕거린 적 있다
퍼덕거릴수록 빠져들던 그 블랙홀
아침이 아침의 어둠을 물고 날아올랐다

추락하는 것과 날아오르는 것
달리는 것과 서 있는 것 사이로 기차는 달리고
새는 날개를 퍼덕이며 허공에 서 있다

노랑 새의 겨울

1985년, 눈이 유독 많은 그해 겨울 어디서 왔는지 먼 하늘을 돌아 노랑 새가 왔다 눈 쌓인 철조망에 앉아 외딴집을 찾아오는 새의 등 뒤로 눈 덮인 겨울 산이 보였다 꽁지가 짧은 햇살이 보였다 철조망에 앉아 날개를 접는 새가 보였다 새가 날아가는 길이 보였다 철조망을 보고 있는 내가 보였다 새는 나의 일기장을 노랗게 채웠지만 나는 새의 무엇을 채웠는지 모른다 누군가 새총을 당겼지만 새는 개의치 않았다 왜 총알은 번번이 빗나갔을까

그때는 새도 나도 눈치채지 못했다 어느 날 노랑 새는 한 발의 총알로 떨어지고 있다는 것을, 철조망은 눈 녹은 물로 붉게 울 수 있다는 것을, 눈 쌓인 겨울 산과 먼 들판 사이로 한 발의 총알이 날아오고 있다는 것을

칼새

칼새가 운다

잘 벼린 부리를 이슬로 씻고
힘센 놈 잘난 놈 살판난 세상 향해
수리봉 하늘을 불끈 날아올랐던 날개를 접는다

아스팔트 틈새에 내린 실뿌리로
뙤약볕 건너가는 애기땅빈대
그 작은 꽃잎에 피 뿌릴 수 없어

자정 넘어 북바위산의 심장을
통째로 베어내는 소리
그 푸른 서슬에
작은 새 작은 풀꽃들 가슴을 떨고 있다

간밤 자정 넘어
바위의 피가 묻은 울음이
새벽잠을 가르며 찾아왔다

광절열두조충

어디를 접어야 하나
안으로 접어온 것들
더 이상 접을 곳 없어 밖으로 나왔을까
흔한 마사지 한번 해준 적 없이
데면데면 발라주던 얼굴에
비싼 화장품 꼭꼭 눌러 바르지만
이마와 목선이 접히고
입술이 접힌다

더 이상 접을 곳 없을 때
제 몸을 잘라버린다는 충(蟲)

접힐 곳 없이 자꾸 튀어나오는
말
말
말
문득 그의 관절 내 입술에 심어 독한 습관 잘라버리고 싶다

어둠을 잘라 별의 옷을 짓다

또로로 또로로
차르르 차르르
파르륵 파르륵
깨치깨 깨치깨
키듯키듯 찌릇찌릇
칙측칙측 치츠치츠
또롯또롯 쪼롬쪼롬

반딧불이 별의 치수를 재러 날아다니고
풀벌레가 바람의 치수를 받아 적고 있다

쓰쓰스쓰스 쯔읏 쯔읏 씍씃씃
쪼로록 쪼로록 너프륵 너프르륵

가위질을 하고 박음질을 한다
쪼로록 단추 달고 깃을 여민다

트르르르륵 트르르르르륵 초롬초롬

찌륵찌륵 초로록 초로록 끼끗끼끗

벌레들이 어둠을 잘라 별의 옷을 짓는다
바람의 옷을 짓고 구름의 옷을 짓는다

목련

흰 꽃배 몇 척, 그녀 창가에 매여 있다

끝내 달거리가 찾아오지 않아
세상의 문을 닫고 살았다
흰 손가락이 피아노 건반 위에서
별꽃을 피우고 파도는 일고 눈은 내렸다
독한 시간을 둥글게 풀었다
달이 뜨면 배는 밤하늘을 떠갔다

텅 빈 창가에
흰 돛단배 몇 척, 반달에 매여 있다

마지막 여행

갈대 줄기 아래 엎드려 미동도 없다
달을 보고 있다
달이 말똥게의 눈을 환하게 비추고 있다
말똥게의 발이 달을 꽉 잡고 갉아 먹고 있다

말똥게가
보름달을 그믐으로 끌고 갈 때
어둠이 익어 말랑해지면
알들이 깨어난다
붉은발말똥게 새끼들이
제 등짝만 한 강물을 끌고 바다로 간다

사대강 사업에 습지가 사라졌다
붉은발말똥게는 집을 잃었다

덕혜옹주

툭,

흙 마당 위로 모가지가 떨어진다

바람 한 점 없는 아침

바다가 붉은 동백을 피워 올린다

점점점 떨어지는 다도해

붉게 젖는 목덜미가 있다

대마도 외진 바위 섶

수평선 위로 솟구치는

갈매기 한 마리

피 한 방울 묻어 있지 않은

모가지를 물고

꽁지를 조심해

오월 장미에 눈멀어
눈에 불을 켜고 다니던 그가
삭발을 했다

쩍쩍 얼어붙는 발로
함박눈을 짊어지고
산사로 갔다

가슴에 붙은 불을
머리로 옮기는 데
평생이 갔다

첫사랑

누골 아래 가라앉아 있는

버들잎 같은

한 잎의 루(淚)

네 아빠도 그랬단다

엄마! 가지 마
엄마! 가지 마 가지 마

현관문이 닫히고
아이는 돌아서서 고개를 떨군다

아가야! 넌 왜 안 울어?

하늘이 찢어져라 울어봐
땅이 깨어지도록 발버둥도 쳐봐
세상이 무너지도록 악도 써봐

백일 만에 어린이집에 보내져서
쉿! 어른들 손가락이 작은 입술을 막아서

벌써 오천 배쯤 작아져
무릎이 깨져 피가 흘러도
울지 않는 아가야

조막만 한 손으로
세상을 한 번도 가져보지 못한
아가야

두 살에 형이 된
네 아빠도 그랬단다

첫눈

별과 꽃의 거리

그 어디쯤

당신이 오고 있다

채송화

지렁이 울음소리에
감았던 눈을 뜨는 씨앗들
굼벵이가 눈을 감고
돌아눕는 저녁

장다리 키를 세워
꽃가지 흔들어도
더 낮게 엎드리는 저녁

빗줄기 세차게 쏟아지고
고양이가 허공을 할퀴어도
마디마디 뿌리내리는 저녁

하늘을 잡아당기던 손이
산 그림자 끌어내리고
물소리 끌어안는 저녁

도솔암

가을비 내리는 날
선운사 일주문 앞에서
당신은 내게 운동화를 신겨주며
끈 단단히 조여 주었지요

선홍빛 꽃무릇 지천이었지요
그 빛에 선운사 두둥실 떠 있었지요
물소리 풍경 소리에
선운사 등이 젖고 있었지요

비바람 속을 지나올 때
달과 해 사이를 지나올 때
서로 꽁꽁 동여매었지요

그날 우리는
바위의 무릎 같은 것들을 지나
구름의 뿌리를 헛디디며
도솔암을 내려왔지요

나뭇잎에서 떨어지는 빗방울이
가슴을 적셨지요

돌아보니 운무에 쌓인 도솔암은
어쩌면 내가 오르고 있는
당신 같았지요

적멸보궁은 만원이다

다람쥐, 한 마리가 사리탑에 올라가 내려다본다

일 배

다람쥐, 도토리를 앞니로 갉아먹으며 내려다본다

일 배

다람쥐, 도토리를 다 먹고 숲으로 사라진다

일 배

다람쥐, 돌아와 앞발을 들고 내려다본다

일 배

다람쥐, 다시 숲으로 사라진다

일 배

다람쥐, 도토리를 물고 와 또 내려다본다

일 배

다람쥐, 양 볼에 도토리를 주워 넣는다

일 배

다람쥐, 앞발을 들고 내려다본다

일 배

다람쥐, 다람쥐의 시간 속으로 달아난다

죽비

투두둑!

바람에 떨어지는 도토리를 줍는데
먼저 떨어진 도토리가
가을비에 하얗게 뿌리를 내렸는데

제철에 피어야 열매 맺는 법인데
혀만 끌끌 차시는 할머니

단단히 뿌리 한번 내려 보겠다고
맞서는 도토리
다람쥐 밥도 나무도 되지 못할 것이라고
손끝에 넌지시 힘을 주는데

딱!

성수리를 때리는
죽비 소리

제4부

어머니의 뒤란

지난여름 시골집 뒤란에 꽃밭을 만들었다

돼지새끼를 몰고 연당재를 넘어와 맨손으로 살아낸 어머니의 흔적들이 호미 끝에 끌려 나온다 녹슨 옷걸이 파스 껍질 약병 찢어진 고무신 뱀 허물…… 그것들을 파헤치던 호미 날이 뭉툭 닳았다 노름빚에 끌려 나가던 소의 눈빛도 코뚜레도 약봉지도 소쩍새 울음도 고무신도 한숨도 예지레이 숟가락도 한 곳에 모아 포시란 흙으로 덮어주고 채송화 백일홍을 심었다 꽃들도 자라지 못하고 주저앉은 뒤란에 토란잎 무성하게 자라 빗방울을 굴린다

간밤에 다녀간 산새 발자국 소복소복 피었다

솜버선

—아버님영전상서

철 지난 옷을 정리하다
장롱 깊이 넣어둔 버선을 신어봅니다
첫아이 해산하던 날 함박눈 무릎을 덮은
먼 시골길을 걸어서 닫힌 문 두드려 사 오셨지요
부어오른 발에 맞지 않아 난감해하시던 눈빛이
날이 갈수록 아련합니다

막힌 혈관에 풍선을 불어넣고
스텐트를 심고 누워 계시면서도
—밥 먹었냐 아이들은 잘 있냐
물려줄 것이 없어 미안하다
내 가슴에 꽂아 주신 분홍 바늘꽃
올해도 환하게 피었습니다

당신이 지나간 계절들을 가만히 불러봅니다
덜커덩덜커덩 낡은 자전거가
칼바람을 가르며 유암고개를 넘어오고
자전거 바퀴에 달라붙은 진흙길

가로수들도 숨이 가빠집니다

아직도 떼지 못한 시골집 문패
영춘 가곡 어상천 별방 가는 곳마다
가을볕이 지천으로 널려 있습니다
그 길로 낡은 자전거 뒷자리에 가을이 앉아
미끄러지듯 달려오고 있습니다

아버님! 거기도 황금빛 가을인가요

개복숭아 그 아이

누가 쏟아놓았을까

돌배나무에 붙어 떨어지지 않던 노란 매미 울음소리, 보리 타작 끝나도 배고픈 그 아이가 찐 개복숭아로 허기 채울 때 단맛 나는 복숭아가 우리 집 뒤란에서 발갛게 익어갔네 낮은 가지에 달린 복숭아 익기 전에 다 따먹고 별이 뜨면 그 아이의 깡마른 손이 담장을 넘어왔네 쿵쿵 내 심장 소리에 다 떨어질 것 같았던 복숭아, 오빠한테 들켜 혼쭐나던 멸치 같은 아이, 높은 나뭇가지를 잡아당기다 가지가 찢어지고 지게 작대기를 휘두르다 간장 항아리 깨며 긴 여름은 갔네 반질반질 복숭아 씨앗 쥐어주고 얼굴 붉히며 도망치던 그 아이, 귓속에서 매미 울음처럼 떠나지 않던 개복숭아 그 아이

나무가 절룩거리다

다리를 절며 태어난 병아리 다리를 만져주며 모이를 먹여 주었다 뒤뚱거리며 걷는가 싶었는데 며칠 집 비운 사이 폭삭 주저앉았다 다음날 높고 고운 울음이 새벽잠을 깨웠다 마지막 눈을 감고 있었다 하얀 화장지로 싸서 친구들 곁에서 이틀 밤을 재웠다 그들은 모이를 쪼며 하늘을 쳐다보며 먹고 마시고 먹고 마셨다 벚나무 밑에 묻어주고 막대기를 꽂아놓았다 바람도 없이 꽃잎이 내렸다 울음이 눈꺼풀 사이에 갇혀 있는 동안 초록 눈빛이 깜박거렸다 새들이 삐악거리며 울었다 이파리들이 여린 부리로 검은 나무껍질을 뚫고 나왔다 바람이 불 때마다 마지막 눈빛이 깜박거렸다 거칠게 지나온 시간들, 나무에 등 내어 식였던 기억들이 잎사귀 사이에서 반짝거렸다 길고 길었던 밤들이 꽃나무로 서 있었다

예지레이 달

개망초가 키를 넘는 폐가에 들러 찬비를 피한다 퍼렇게 녹슨 예지레이 자루가 마루 밑에 삐죽이 나와 있다 발끝으로 툭 건드리자 벌떡 일어나는 놋숟가락,

언니는 날마다 버지기를 끌어 앉고 감자 껍질을 긁었다 감자 살이 하얗게 튄 얼굴에 머루 알 같은 눈망울이 껌벅거렸다 언니 손끝에서 닳아빠진 누런 놋숟가락을 나는 몇 번이나 엿으로 바꾸어 먹었다

서울로 시집간 언니의 자리에 앉아 나는 감자를 긁었다 예지레이 날에 손바닥 베이며 감자를 긁었다 엿장수 가위질 소리가 철커덕 철커덕 기차 소리처럼 지나갔다 어느 날부터 나는 엿 대신 고무줄과 빨래비누를 바꾸었다

예지레이 숟가락을 집어 들다 언뜻 떠오른 언니 눈망울 뼈만 앙상한 기억 속으로 칡넝쿨 같은 세월이 끌려 나왔다 서울살이 오십 년에 서울 사람이 되지 못한 언니는 폐시 같은 얼굴에 창백한 기억만 끌고 돌아왔다

추억을 묻듯 마루 밑에 숟가락을 묻고 돌아오는데 구름 사이로 예지레이 달이 묵묵히 따라오고 있다

* 예지레이: 감자를 긁어서 초승달처럼 닳은 놋숟가락.

꽃과 어둠

열여섯의 어느 날이었네 기차가 봉양역에 나를 내려놓고 떠나갔네 노을이 기차보다 더 빨리 달려가고 있었네 길이 꿈틀거렸네 멀리 마을의 불빛들이 꺼져가고 깜깜한 구봉산을 혼자 넘어가고 있었네 죽은 사람들이 바위를 짊어지고 휙휙 지나가고 배고픈 달이 어둠을 베어 먹고 있었네 무당바위가 머리카락을 하늘로 뻗치고 구불거리는 산길이 시커먼 입을 벌리고 있었네 소복의 여자들이 산기슭을 내려왔네

아뿔싸!
꽃이었네
꽃이 귀신이었네
하얀 조팝꽃 한 무더기였네
멀리 뱃속을 훤히 드러낸 밤기차가
지나가고 있었네

달과 개막이 그물

바다가 아버지를 데려갔지
아이는 그 바다의 젖을 물고 자랐지
먹둥구리에 아이를 담아놓고
엄니는 돌밭을 맸지
그 밭에 시금치 키워 팔았지
돌미역을 따고 조개도 캐며
바다를 끼고 살았지

그 바다에
아이는 그물을 던지며
부득부득 꿈을 선셔 올렸시
바람은 밤마다 문을 흔들고
바다는 으르렁거리며 달려왔지

그믐밤 수치도 앞바다는
개막이 그물이 팽팽했지
아이와 달의 시간을 잡아당겼지

비무장지대

아흔 넘은 엄마 몸에 비누칠을 한다
주름과 주름 사이 수십 년 접혀 있는 회한을 씻는다
가거라 삼팔선 그 입술 노래 마른 줄도 모르셨겠다

강원도 금화군 금화읍 산동리 문전옥답 버리고 삼팔선 넘어올 때 철조망에 걸려 찢어진 치마를 가려주던 어둠도 잊으셨겠다 따라오던 반달도 잊은 지 모르셨겠다

비단옷 금가락지 다 뺏기고 아가 배냇저고리 속에 꿰매었던 돈이 종자돈 되었다고 입버릇처럼 말씀하시던 엄마는 엄마를 잊었다는 사실도 까맣게 잊으셨겠다

—저 구름 속이 내 집이여 이제 가야제

거품을 푼다 구름이 몽글몽글 일어난다
그 속에 앉아 있는 번데기 하나
뭉툭한 손으로 염주 알처럼 거품을 굴린다
꺼져가는 거품에 옷을 입힌다

비무장지대 초소를 철거했다는 아홉시 뉴스가
맹물처럼 지나간다

봄의 경전

암팡진 것은 독하다
착한 것이 바보라 시새우던 사람들
순한 양같이 벚나무 가로수 길을
꽃구름처럼 떠간다

묵주를 감은 손과
염주를 걸친 어깨가 경계를 허물고
사월의 도량에 진창만창 환하다

부처도 예수도 꽃잠에 든 시간
뒤뚱거리는 아가들 걸음마에
봄볕이 까르르 웃음 터뜨린다
바람이 꽃잎 뿌리며 뒤뚱거린다

노송

산불이 할퀴고 간 낙산사
온몸에 비닐 두르고
노송들 화상 치료받고 있다

나지막한 가지 다 버리고
정수리에 어린잎을 피워
송홧가루 노랗게 날리고 있다

중환자실에 누워 고비를 넘길 때마다
암 걱정 마라
암 걱정 마라
비닐로 몸 가리고 아버지가 서 있었다

인화한 사진 속에
송홧가루 보이지 않고
어여 가라 어여 가
아버지가 손사래를 치셨다

무전여행

핸드폰도 없던 시절 두 아이들을 피붙이 하나 없는 강릉행 기차에 태웠다 열 살 열한 살 아이들의 작은 어깨 위로 톱밥 같은 눈발이 날렸다 눈발이 기차를 따라가고 있었다 기차가 간이역에 설 때마다 검은 옷을 입은 낯선 사람들을 태우고 모르는 곳으로 구불거리며 달렸다 눈보라가 몰려온다는 일기예보가 라디오에서 흘러나왔다 깜깜한 터널을 지나 낯선 햇살 속을 달려가고 있을 기차 차창 밖에 옷을 벗은 나무들이 흘끔거리며 아이들을 따라가고 있지는 않았을까 나무에 배고픈 새들이 앉아 있지는 않았을까 어디서 자야 해요 전화가 걸려왔다 여관 아니면 민박 너희들은 지금 무전여행 중이야 톡 쏘아붙이고 돌아서서 가슴을 쓸어내렸다 그날 밤 폭설이 모르는 곳으로부터 급습했다 피할 수 없는 칼바람이 불어왔다

여행을 마치고 돌아온 아이들의 얼굴에 낯선 것들이 묻어 있었다 운동화가 바닷물에 젖어 있었다 싱글싱글 웃는 아이들의 눈빛 속에 내가 모르는 것들이 나를 보며 반짝거렸다 아이들 주머니에서 모래와 조개껍데기가 털려 나왔다 우리도 무전여행 중이야 그들도 반짝거렸다

며칠 사이에 성큼 아이들 입술이 붉어지고 키가 한 뼘 더 자라고 있었다

한 열흘 눈 한번 깜박이지 않고

—한 열흘 눈 한번 깜박이지 않고 천체망원경으로 별과 별 사이를 바라보면 어둠 속에서 별이 나타나고 그 별 사이에서 또 별이 반짝인다고 하는데……

웃을 일 없어 보이는 女子 가족력에 누워 있는 삼대를 발 닦아주고 밥을 먹이고 돈도 벌어야 하는 女子 웃는 일밖에 할 줄 아는 게 없는 것처럼 활짝 웃는 女子 그 웃음 슬쩍 훔쳐와 거울에 걸어놓고 일 삼아 실실 웃어보는 女子 얼굴에 뿌리내리지 못하는 웃음을 쥐어뜯는 女子

언제인가 웃음을 버린 적 있다
석고상 같은 가족사진에 묻어 있는 어둠이
웃음을 갉아먹고 있다

저 어둠 사이
한 열흘 눈 한번 깜박이지 않고 들여다보면
톡 톡 별들이 돋아날까?
실밥 터지듯 웃음이 피어날까?

나에게 온 웃음은 얼마나 긴 시간 갇혀 있던 별들인가
그렇게 얼마나 많은 별들이 내 속에 갇혀 있을까

반짝거리는 것들은 내게서 너무 멀리 있다

구름 한 잎 뜯어버리다

아들을 태운 비행기가 하늘로 날아오른다 덩달아 발이 둥둥 떠다니며 밥을 먹고 구름 사이에서 빨래를 하고 청소를 한다 채소를 씻다가 상한 구름 한 잎 뜯어 버린다 얼굴에 붙어 있는 먹구름을 털어 버린다 부처나비가 참깨밭으로 날아가고 신선나비가 무밭으로 날아간다

나비 한 마리가 고해성사하듯 두 날개를 모은다
함부로 꺾은 꽃들에게 합장을 한다

종일 낮달의 그림자를 찾아다닌다
구름 사이로 보이지 않는 것들이 보고 있다

모호한 것들의 그림자가 떠 있다

바닷가 소각장

낡은 그물과
뚫어진 고무신 한 짝이
방파제 끝에 버려져
불타고 있다

관절을 앓는 지난날이
검은 재가 되어
바람에 날아가고 있다

구릿빛 어미의 얼굴이
살매기의 울음이
돌아오지 않는 그림자가
휘파람 소리가
머—언 바다를 떠돈다

물속의 집

길 끝에 학교가 있었다
조용한 그 길로 벚꽃이 흩날리는 날이었다
아이가 호수에 떠 있는 흰 구름을 보며 말했다
—선생님 제 몸에서 피가 나왔어요
—얘야 그건 피가 아니고 꽃이란다
물속으로 뭉게구름이 케이크처럼 부풀어 올랐다
과자 부스러기를 던지자 고기들이 몰려와 꼬리를 흔들었다
물거울 속에서 까치 새끼의 부리 속으로
무엇인가 주고받는 어미 새를 보고 있었다

—전 미술시간이 제일 좋아요
아이는 귀가 없는 집을 그렸다 천둥소리가 들리지 않았다
그림 가득 비가 내렸다
우산도 없이 힐긋 돌아보던 엄마가 빗줄기마다 서 있었다
아빠의 주먹이 고막을 찢는 소리가 들리지 않았다
물속의 집에는 까치와 물고기가 친구였다
이따금 바람이 그들을 데리고 더 깊은 곳으로 사라졌다

아이를 세 번째 만났다

아이의 그림 속에서 젖은 화장지가 끝없이 흘러나왔다

겨울 낙엽

아버지는 초저녁별을 지고
화전(火田)을 내려오셨다

산딸기 덩굴은 날마다 산길을 휘감아서
아버지는 아침마다 낫을 벼리셨다

그 아버지 중환자실 링거 병 아래 누워
—나는 복 많은 늙은이야
그 눈빛이 사카린같이 달았다

진달래 멍울이 부풀고 있었다

명심보감 건네시며
봄별 한 줌 떠 주시던 손이
내 손바닥 위에 맥없이 놓여 있다

숨결이
습자지처럼 얇아지고 있었다

해설

긍정과 다함께의 세계

최준 시인

이현복 시인의 첫 시집 『누군가의 웃음이 나를 살린다』를 이루고 있는 시들을 감상하며 놀랐다. 한 자아의 감성이라는 게 본시 살아낸 삶의 분량에 반비례해 점차 무디어져서, 마침내는 소멸해 가기 마련인 것인데, 이 시인은 세월을 거슬러 살아온 것인가. 시의 편편마다, 행간마다 이제 막 발아해서 파릇하고 뾰족하게 촉을 세우고 있는, 감성으로 충만한 시들을 만나 보는 게 대체 얼마만인지. 이 감상의 즐거움은 한 독자의 감성을 새삼 일깨우는 시 읽기였다. 중년을 건너가면서까지도 감성을 잃어버리지 않고 내내 간직할 수 있다는 건 나름의 노력이 덧대어진 결과이기도 하겠지만, 감상자의 입장에서 보면 이는 분명 마냥 부러운, 시인이 지닌 생래적인 재능에 대한 축복이나 다름이 없다.

감성은 이미지와 통한다. 짧게 말하자면 이미지는 보이지 않는 관념을 실체로 바꾸어 공통의 가시거리 영역으로 이야기를 끌어들이는 것. 보고 경험해서 알고 있는 비유를 타자의 인식으로 유혹하는 것. 이 유혹이 결코 쉬운 노릇이 아니라는 걸 알고 있다면 그는 이미 시인이다. 그런데, 이 시인이 감성을 이미지화하는 방법은 일관되고도 고집스럽다. 이러한 시 쓰기 방식은 시인에게 오랜 동안 체질화되어 있는 듯하다.

시인의 시들엔 아주 다양한 동식물들의 이름이 등장한다. 숲해설가이기도 한 시인은 자연에 대한 애정이 각별하다. 이 또한 시인의 시들이 눈길을 어디에 주고 있는가를 알게 하는 한 단초가 된다. 시인 시들의 주인공들 중엔 동식물에 과문한 필자가 알고 있지 못한 이름들도 적지가 않다. 동시대를 살아온 시인이 이들과 함께 눈 맞추며 지상을 이루어 살아왔다니! 동식물에 대한 해박한 시인의 지식은 그들에 대한 관심과 애정의 산물일 텐데, 어찌 보면 이는 살이와는 상관성이 없거나 비현실적이라 할 수도 있을 만하다.

그런데 식물은 동물과는 전혀 다른 생의 운명적인 특징을 가진다. 움직임이다. 시인의 시들에 등장하는 많은 동식물들은 단순한 시적 대상이 아니다. 넓게 말하면 공존 공생하는 평등한 실체들이고, 좁혀 말하면 시인의 주변을 이루고 있는 공존의 대상들이다. 시인의 시들은 대부분의 여느 시들과 마찬

가지로 삶과 죽음을 그 주제로 다루지만 주체가 인간이 아닌 경우가 많다. 공평함이고 공정함이다. 지상의 주인이 인류만이 아니라는 인식에서 비롯되는 이러한 시적 비유는 껍질을 벗겨내어야 비로소 드러나는 과육처럼 읽는 이에게 보좋의 칼질과 사유를 요구한다. 시인의 일관된 의식은 시집 전반을 장식하고 있지만 다음의 시는 그 근거가 될 만한 요소들을 두루 품고 있다.

다리를 절며 태어난 병아리 다리를 만져주며 모이를 먹여주었다 뒤뚱거리며 걷는가 싶었는데 며칠 집 비운 사이 폭삭 주저앉았다 다음날 높고 고운 울음이 새벽잠을 깨웠다 마지막 눈을 감고 있었다 하얀 화장지로 싸서 친구들 곁에서 이틀 밤을 재웠다 그들은 모이를 쪼며 하늘을 쳐다보며 먹고 마시고 먹고 마셨다 벚나무 밑에 묻어주고 막대기를 꽂아놓았다 바람도 없이 꽃잎이 내렸다 울음이 눈꺼풀 사이에 갇혀 있는 동안 초록 눈빛이 깜박거렸다 새들이 삐악거리며 울었다 이파리들이 여린 부리로 검은 나무껍질을 뚫고 나왔다 바람이 불 때마다 마지막 눈빛이 깜박거렸다 거칠게 지나온 시간들, 나무에 등 대어 삭였던 기억들이 잎사귀 사이에서 반짝거렸다 길고 길었던 밤들이 꽃나무로 서 있었다

—「나무가 절룩거리다」 전문

동물인 병아리와 식물인 벚나무와 인간인 화자가 어우러진 이 서사가 주는 삶과 죽음에 관한 이야기는 시집을 수놓고 있는 얼개들을 이해하는 단초가 된다. 시인이 인식하고 있는 세계관이며 생명들에 대한 시인의 사랑이다. 병아리와 벚나무와 화자는 분명 다른 존재들이면서도 필연적인 상관관계로 맺어진 현실적인 공통체이다. “다리를 절며 태어난 병아리”의 주검을 “벚나무 밑에 묻어주”는 화자의 행위는 마치 수목장과 같은 엄숙함과 진지함을 동반한다.

나무가 어떻게 절룩거릴 수 있지? 알다시피 식물인 나무는 그 긴 생을 한 자리에서 나서 난 자리에서 마친다. 시인의 의식은 나무 아래 묻은 병아리의 영혼과 나무가 교감하고 있다는 데까지 미친다. 나무의 새 이파리들을 병아리의 “여린 부리”로 환치시킨다. 동물과 식물의 교감, 그리고 하나 되기. 화자는 시의 한가운데 들어앉아서 주관하고 지시하는 주체가 아닌, 마치 천상과 지상을 매개하는 굿판의 무당과도 같은 존재다.

우리는 인류를 따로 떼어놓고 지구를 함께 살아가는 무수한 식물과 동물들을 마치 배경인 듯 인식한다. 하지만 이들 생명들에 대한 시인의 남다른 의식은 우리의 각성을 요구한다. 적극적이지는 않지만 시인은 우리와 생을 더불어 살아가는 생명들이 함께 있지 않느냐는 물음을 시로 던진다. 이 물음이 중요한 까닭은 시인의 시 전편에 걸쳐 드러나 있기 때문이다.

한마디로 말하자면 공존 내지는 공생의식이다. 다음의 시가 이를 명징하게 보여준다.

장맛비 지나간 별방 텃밭
잡초 사이에 파가 누워 있다
모가지 세우려 안간힘 쓰고 있다

가만히 들여다보니 씨를 매달았다
겨우 들고 있는 파 대가리에
거미 새끼들 바글바글하다

콩알만 한 어미 텅 빈 몸이
바람에 훅 날아가자
새끼들 줄줄이 흩어진다

쨍쨍한 햇살 아래
다글다글
파 씨 눈알이 까맣다

—「텃밭의 시간」 전문

식물인 '파'를 생식처로 삼은 동물인 '거미'는 '파'와 공생관계인가? 아니다. 이건 필연이 아니라 우연일 테다. 하지만 화자가 확인한 풍경은 어떠한 생의 필연과 맞닿아 있다. 필연이 곧 현재인 것. 거미가 어찌 파의 씨앗이 될 수 있겠는가. 이 어불성설을 시인은 생명이라는 공동체로 인식한다.

동식물에 대한 시인의 해박한 지식과 이들에 대한 사랑은 곧 인류와 지구 공동체와의 공존의식이 동시 주체가 된다. 시인의 전제는, 지구에 오직 인류만이 생존한다면 지구의 앞날은 과연 어떻게 될까 하는 궁극적인 염려가 내재되어 있다. 알기로, 시인은 자연과학자가 아니다. 그러니까 이들의 존립을 그냥 그대로 사랑한다. 파가 꽃 피운 정수리에 터전을 마련한 '거미'라는 동물적 생명이 곧 '파'라는 식물과 그 연원을 같이 한다는 건 마치 불교의 인연설을 연상하게 한다. 거기에 있는 것에 대한 긍정이다. 시인은 시에서 그냥 보여주는 것으로 자신이 할 역할을 다 했다고 여기고 있는 듯하다. 많은 말들이 필요하겠지만 지금은 계몽시대가 아님을 시인은 알고 있다. 시인은 그저 시로써 과거를 아우르는 영속적인 현재를 보여주려 한다. 현재의 우리가 계도의 방식이 아닌, 우리의 현재임을 암시한다. 이 문명의 세계에서 지난 시절과 달라진 것이 무엇인가에 대한 질문을 시인의 시가 말한다. 시인은 세태를 언급하지 않는다. 세태는 시절일 뿐, 우리가 사는 세계는 시절과 세태를 넘어 영원성을 전제로 존재한다는 걸 시인은 시로 이야기한다.

시인의 세계관은 나고 죽음의 사이에 놓여 있는 현실 삶에 그다지 목매고 있지 않은 듯하다. 후생을 염두하고 현세의 삶에 복무하는 종교적인 것도 아니다. 현생을 나무다리나 징검다리를 건너가는 것처럼 가볍게 뛰어넘는 것으로 간주하고 있는 듯하다.

다음의 시는 '현미경'으로 들여다본 우리의 육체와 정신을 얘기하고 있다. 한 감상자의 입장에서 이 시는 우리 내면의 미시적 세계를 은유로 풀어낸 명편이라 여긴다.

현미경으로 나무의 단면을 들여다본다
수많은 구멍이 촘촘하게 박혀 있다
캄캄한 구멍들이 나를 보고 있다

몸은 단단하다
구멍도 단단하다
구멍 속에 어둠도 단단할까

의심의 뿌리가 빨판 같은 입술에 달라붙는다

내 눈을 의심한다
내 생각을 의심한다
나무의 몸을 의심한다

수만 개의 구멍이 꽃이 되고
수만 개의 구멍이 집이 된다
꽃과 집의 구멍 사이로
햇살이 들어간다
바람이 들어간다

구멍들마다 어둠이 피어난다
구멍이 어둠이었나
어둠이 구멍이었나
꽃과 집의 구멍 사이로
구름이 흐른다 바람이 흐른다 내가 흐른다

수많은 나무들이 나를 스캔하고 있다

—「나무를 의심하다—구멍들」 전문

이 시를 감상하는 건 그리 어렵지 않다. 나무를 나로 환치하면 너무도 단순해진다. 우리는 서로를 얼마나 이해하며 살아가고 있는가? 같기도 하지만 또한 얼마나 다른가에 대한 질문과 확인이기도 하기 때문이다. 나무인 당신과 내가 다르지 않은 존재라는 것, 내가 나무여도 되고 당신이 화자가 되어도 괜찮다는 건 상호 교감을 전제로 하지 않으면 성립할 수 없는 등식이다. 시인은 인간을 화자로 하지만 인간만이 오직 하나의 주체라는 명제에 결코 동의하지 않는다. '더불어'가 오직 인류만의 일방적이고 이기적인 명제가 아님을 말한다.

시집 속 시편들이 오랜 시간에 걸쳐 쓴 시들로 채워져 있다는 느낌을 받았다. 혹여 시인 자신은 알고 있지 못할 수도 있겠지만 독자로서의 느낌이 그렇다. 삶의 시간에 따라 가치관도 시도 바뀐다. 그런데 시인의 시들은 시인의 일관된 고집과 자존심이 내내 느껴진다. 아무려면 어떤가. 이건 독자의 감상인 것을.

나는 시인의 시에서 선율이 아주 가느다란 기타의 연주를 듣는다. 이 감성은 시 자체에 스며들어 있어 음악과 시의 중간지점에 있다. 작은 것을 무시할 수 없는 이유이다. 작은 것이 없으면 큰 것 또한 없다. 이제는 크고 우렁찬 것보다 작고 낮은 목소리에 귀 기울여야 한다.

시집에서 시인은 단지 자신의 감성이 가닿은 대상들에 대해 말하고 있을 뿐이다. 마치 목동처럼 독자를 자신이 의도한 길로 억지스럽게 내몰지 않고 다만 자신의 눈에 비친 대상에 대한 감상만을 조곤조곤 귀엣말로 들려준다.

마루에 앉아 책을 읽는데
노랑멧새가 장미 속으로 날아간다
장미꽃이 푸드득 피어난다

밤마다 장미는 담장을 넘으며 새소리로 울었다
담장은 높고 허공은 붉게 물들었다
아침마다 꽃 속에서 새가 태어났다
장미 가슴에 새 발톱 같은 가시가 돋아났다

바람이 책장을 넘길 때마다
갈피에서 새소리가 들렸다
장미꽃이 책 속으로 날아들었다

—「장미와 새」 전문

독자로서 시를 감상한바 시인은 자의식이 남다를지도 모르겠다고 어느 순간 생각했다. 자의식은 곧 감성이고, 감성은 자의적이라는 등식을 일정 부분 인정하고 있는 필자는 구구한 덧댐을 필요로 하지 않고 시인의 시집 속 시편들에 대해 속된 감상을 구구하지 않으려 한다. 다만 여백을 남겨둔 시인의 의도를 독자가 채워 주었으면 하는 작은 바람이 있다. 다음은 덧말이다.

시인은 자신이 보고 느낀 풍경들을 감성적인 시로 그려내었다. 여기엔 마치 요리의 양념처럼 모종의 제시가 있을 뿐 스스로 내린 결론은 좀처럼 없다. 아마도 자신의 감성에 결벽성이 더해져 결론을 스스로 내리는 노릇을 삼갔을 수도 있겠다는 생각을 해본다.

여기에는 마음 맑은 시인의 시력을 따라가는 즐거움이 있다. 고개를 숙이고, 혹은 고개를 들고 눈에 비쳐드는 대상들을 새삼스럽게 바라보는 계기를 시인의 시들이 보여주고 있다. 독자들은 시인이 한 편의 시에서 결론마저도 내려주기를 바란다. 심하게 말하자면 이는 독자의 과도한 욕심이며 의무 태만이다. 진지한 독자는 시인이 쓴 시에다 자신을 투영하고 자신이 내린 나름의 결론을 아주 엷게 덧칠한다.

아무려나, 시인의 결론은 남다르다. 대상으로부터 받은 모종의 느낌들을 자신 안으로 끌어들여 마음으로 한 장의 그림을 그려낸 후에 이를 독자에게 꺼내 보인다. 중요한 건 이 그림들이 난독과 오해를 불러일으키는 추상화가 아니라는 점이다. 그 그림의 배경은 대상을 사랑하는 마음이고, 채색은 나이프의 날카로움이 아닌 중붓 정도를 사용한 담채화다. 시인의 사랑과 긍정은 우리 마음이 품고 있는 본연에 닿아 있다. 이기(利己)가 아닌 공존과 공생을 위한 이타행(利他行)이다. 사람 사랑을 그 전제로 지상 모든 생명 사랑의 과제를 남겨준 소중한 전언이다.

그 전언을 반추하듯 들려주는 한 편의 아름다운 시를 소개하며 글을 맺는다.

> 외롭고 높고 쓸쓸한 이를 만날 것 같은
> 키 큰 남자의 뒷모습에 가슴 두근거릴 것 같은

헛기침이 나 숨의 입자를 맛볼 것 같은

비의 근육이 우산 속으로 휙 덤벼들 것 같은
그 비에 입술부터 발등까지 함북 적셔도 좋을 것 같은
은밀히 구름 속 주소 하나 받아 들면
그 무엇도 부럽지 않을 것 같은

나포리 어디에도 없고 어디에도 있을 것 같은
수많은 나타샤들의 사랑도 외면할 것 같은
북관에서 통영까지 타박타박 나귀 따라 걸어가고 있을
것 같은
나포리 어디에도 있고 어디에도 없는

—「나포리에 가면」 전문

이 도서의 국립중앙도서관 출판시도서목록(CIP)은 서지정보유통지원시스템 홈페이지(http://seoji.nl.go.kr)와 국가자료공동목록시스템(http://www.nl.go.kr/kolisnet)에서 이용하실 수 있습니다.(CIP제어번호: CIP2019049053)

문학의전당 시인선 0315

누군가의 웃음이 나를 살린다

초판 1쇄 인쇄 2019년 12월 7일
초판 1쇄 발행 2019년 12월 14일
지은이 이현복
펴낸이 고영
책임편집 서윤후
디자인 헤이존
펴낸곳 문학의전당
출판등록 제2017-000002호
주소 서울시 마포구 마포대로 11길 91, 3층
전화 02-852-1977 팩스 02-852-1978
전자우편 sbpoem@naver.com

ISBN 979-11-5896-446-7 03810

* 이 시집은 2019 충청북도, 충북문화재단의 후원으로 발간되었습니다.